GUTE-NACHT-GESCHICHTEN

Bilder von Felicitas Kuhn

PESTALOZZI-VERLAG, D 8520 ERLANGEN

Das runde, rote Hütchen

Rosemarie hatte ein rundes, rotes Hütchen. Mit einem blauen Band geschmückt und einem Sträußchen Vergißmeinnicht darauf.
An einem Sommernachmittag sagte die Großmutter: „Komm, wir gehen Himbeeren pflücken." Rosemarie setzte ihr Hütchen auf, nahm ihren kleinen Henkelkorb, und dann gingen sie zum nahen Waldrand hinter dem Haus. Sie pflückten eifrig, bis Rosemarie rief: „Juhu, mein Korb ist voll!" Dabei warf sie vor Freude ihr Hütchen in die Luft. Aber – o Schreck! – es fiel nicht mehr auf die Erde zurück. Verzweifelt suchte sie mit der Großmutter, bis es dunkel wurde. Das Hütchen blieb verschwunden. Rosemarie war traurig, aber die Großmutter tröstete sie: „Eines Tages finden wir es bestimmt."
Das Jahr verging. Als es wieder Frühling war, rannte Rosemarie zum Waldrand, um für Großmutter ein Sträußchen Schlüsselblumen zu holen. Da hörte sie aus einem Haselnußstrauch aufgeregtes Vogelzwitschern. Sie bog vorsichtig die Zweige auseinander, und ... da saß eine ganze Vogelfamilie in ihrem runden, roten Hütchen! „Bitte, Rosemarie", bettelte die Vogelmama, „laß mir dein Hütchen, bis meine Kinder ausgeflogen sind." Weil Rosemarie ein gutes Herz hatte, antwortete sie: „Du kannst es behalten, mir paßt es sowieso nicht mehr!" Und als die Vogelkinder ausgeflogen waren, sangen sie für Rosemarie ein besonders schönes Lied.

Erika Scheuering

Von der frechen Maus Fritz

Drei kleine Mäuse froren „brrr“ in ihrem Mauseloch. „Es wird Zeit“, meinte der Mäusepapa, „daß wir zum Bäckermeister Zuckersüß ziehen, dort im Keller ist's gemütlich warm.“

„Ich will auch mit!“ rief die freche Maus Fritz, ein Verwandter der Mäusefamilie. „Nein, nein“, piepsten die drei kleinen Mäuse, „er macht uns immer Knoten in die Schwänze.“ Aber die Mäuseeltern hatten Mitleid mit dem frechen Fritz, und so flitzten sie alle zusammen durch ein offenes Fenster in den Keller von Bäckermeister Zuckersüß. Dort standen auf den Regalen feine, runde Schokoladenkuchen. Weil die Mäuse großen Appetit hatten, knabberten sie gleich daran herum. Da ging mit einem Ruck die Kellertür auf! Die Mäuse versteckten sich blitzschnell hinter einem Mehlsack. „Donnerwetter!“ rief der Bäckermeister Zuckersüß, „wer hat meine feinen, runden Schokoladenkuchen angefressen? Wenn ich den erwische, dann...!“ Er nahm eine Schüssel voll Rosinen vom Regal und stapfte wieder hinaus.

„Was machen wir jetzt?“ fragte die Mäusemama ängstlich. Die freche Maus Fritz hatte eine gute Idee. Denn freche Mäuse, die auch noch Fritz heißen, haben oft gute Ideen. „Wir knabbern die runden Schokoladenkuchen einfach zu Schokoladenherzen!“ flüsterte er. Wollt ihr wissen, was der Bäckermeister Zuckersüß sagte, als er wieder in den Keller kam? „Oh, wie schön! Schokoladenherzen! Endlich hat sich mein Lehrjunge etwas Neues einfallen lassen!“ – „Piehihipieps“, lachte die freche Maus Fritz hinter dem Mehlsack.

Erika Scheuering

Wie der Meerprinz einen Schnupfen bekam

In einem tiefen Meer liegt eine Felseninsel. Dort wohnten vor tausend Jahren viele lustige Nixen. Den ganzen Tag planschten sie lachend im Wasser umher, spielten mit Seesternen, bewarfen sich mit Seeigeln und schrien mit den Möwen um die Wette. Sie hatten nur Unsinn im Kopf!

Eine besonders übermütige Nixe ruhte sich auf einem Stein aus. Während sie sich die Sonne auf den Bauch scheinen ließ, dachte sie: Wen könnte ich denn ein bißchen ärgern? Und schon fing sie sich einen Sonnenstrahl, glitt in die Wellen und schwamm hinunter zum Palast des Meerkönigs. Zwischen Korallen und Seeanemonen schlief in einer Muschel der Meerprinz. Lautlos schwamm die Nixe hin und kitzelte ihn mit dem Sonnenstrahl am Näschen, daß er „hatschi" niesen mußte. Wütend kam der Meerkönig aus seinem Palast: „Bist du von allen Meergeistern verlassen? Du weißt doch, daß wir hier in unserem dunklen Reich gleich Schnupfen bekommen, wenn uns ein Sonnenstrahl berührt!" Und zur Strafe für ihren Übermut verwandelte er die Nixe, und vorsorglich auch gleich ihre Schwestern, in grüne Eidechsen. Und das sollten sie bleiben, bis der Prinz seinen Schnupfen los ist. Seitdem huschen viele grüne Eidechsen auf der Insel über die heißen Steine oder rascheln im Gras. – Ich weiß zufällig, daß ein Meerprinzschnupfen tausend Jahre dauert, und die sind nächste Woche vorbei.

Erika Scheuering

Die Geschichte vom Blasi

Ein winzigkleiner Kobold heißt Blasi, weil er sich ganz groß aufblasen kann. – Einmal um die Mittagszeit saß Blasi auf einem Fensterbrett und schaute in ein Zimmer hinein. Dort sah er am Tisch eine Schüssel voll dampfender Klöße stehen. Und weil er gerade keinen besseren Schabernack vorhatte, sprang er auf den Tisch, kroch in einen Kloß hinein und blies sich auf. Zwei Kinder kamen ins Zimmer gestürmt und kletterten auf die Stühle. „Ui, so ein großer Kloß", rief das dickere von beiden, und ohne lange zu warten, nahm es den riesengroßen Kloß auf seinen Teller. In dem Moment machte es „ffft" und der Kloß schrumpfte zusammen, weil Blasi die Luft herausgelassen hatte. Das Kind schaute dumm drein, und das andere lachte es aus: „Das kommt davon, weil du dir immer das größte Stück nimmst!"
Dann brachte die Mutter zwei rote Wackelpuddinge in gelber Vanillesoße mit Schlagsahne darauf. Blasi schlüpfte in den einen Wackelpudding und ... blies sich auf. Das dicke Kind griff sofort nach dem Riesenpudding. „Platsch!" Der rote Pudding platschte zusammen, klekkerte aufs Tischtuch, die gelbe Soße spritzte umher, und die weiße Schlagsahne klebte dem dicken Kind mitten im Gesicht. „Uff", sagte es nur.
Vielleicht ist es gut, wenn man etwas bescheidener ist. Denn man kann ja nie wissen, wo der Blasi gerade steckt!

Erika Scheuering

Die einsame Grille Zirpezapp

Es war einmal eine Grille, die sich schrecklich einsam fühlte. Traurig hüpfte sie von Glockenblume zu Glockenblume. Da kam ein Borkenkäfer über den Weg gekrochen. „Was hängst du denn so lustlos rum?“ brummelte er, als er die Grille wieder einmal untätig auf einer Glockenblume antraf. „Ach“, antwortete die Grille Zirpezapp müde, „ich bin so einsam. Was soll ich nur so allein anfangen?“ – „Du liebe Güte“, rief der Borkenkäfer, „wenn ich an deiner Stelle wäre, so würde ich mir ein Lied vorzirpen. Klingt doch sehr hübsch, und Spaß macht es auch!“ – „Meinst du?“ fragte zweifelnd die Grille. „Na klar doch“, erwiderte der Borkenkäfer, „am besten fängst du gleich an.“
Die Grille Zirpezapp setzte sich zurecht und begann zu zirpen. Zuerst klang es etwas rauh, aber schön langsam zirpte sie sich ein. Je länger sie übte, um so besser klang es, und desto mehr Spaß machte es ihr. Als sie gerade dabei war, ein besonders schwieriges Lied zu zirpen, kam die Hummel Sumsefein angeflogen.
„Wie schön du zirpst!“ summte sie. „Meinst du, wir könnten einmal zusammen musizieren? Ich summe, und du zirpst.“ Die Grille war begeistert. Fortan war sie nicht mehr einsam. Als sich dann auch noch der Spatz Fipipo dazugesellte und Triller pfiff, waren sie ein richtiger Chor. Hin und wieder kam auch der Borkenkäfer vorbei. „Prima!“ rief er jedesmal anerkennend, und zur Belohnung verteilte er süßen Blütenstaub.

Renate Tautenhahn

Mietz und Lori

Der Papagei Lori flatterte aufgeregt im Käfig umher, weil Mietz schon wieder hinter dem Vorhang lauerte und ihn ärgern wollte. „Warte nur", schrie Lori, „wenn ich hier herauskomme! Ich kann genauso miauen wie du! Miau..." – Eines Tages standen Käfigtür und Fenster offen. „Schwirr!" und Lori saß auch schon im Garten auf dem Birnbaum. Wie könnte ich die Katze ärgern? überlegte er. Aha! Er flog vom Baum auf einen Topf mit roter Farbe und tauchte seine Füße hinein. Nun flatterte er auf die Gartenbank, wo Giselas neuer, weißer Pullover zum Trocknen ausgebreitet lag. Darauf hüpfte er herum. Dann hockte er sich hinter den Rosenbusch und wartete, bis Gisela kam. „Miau, miau, miau", ahmte Lori die Katze nach. „O weh!" rief Gisela, „Mietz, jetzt kannst du was erleben!" Vor lauter Übermut miaute Lori hinter dem Rosenbusch noch einmal. Da schnappte der Hund Bello zu, daß die Federn flogen, denn auch er dachte, dort würde Mietz sitzen. Zu Tode erschrocken riß sich Lori los und flog in den Käfig zurück. Er kauerte sich ganz zerzaust auf sein Stänglein und hatte für immer genug vom Miauen. Und Mietz nahm sich vor, nie mehr hinter dem Vorhang zu lauern. Wollt ihr wissen, wie die Geschichte weiterging? Mietz und Lori sind noch richtige Freunde geworden, hat mir Gisela erzählt.

Erika Scheuering

Die altmodischen Luftballons

Auf einem Rummelplatz war ein Stand, an dem es bunte Luftballons gab. Herr Anton, so hieß der Verkäufer, hatte ein ganzes Bündel Schnüre in der Hand, an denen die Luftballons angebunden waren. Es waren sehr schöne Ballons, die da an den Schnüren hüpften. Ja, hüpften! Herr Anton verstand es nämlich, sie mit einer gewissen Handbewegung ständig in Bewegung zu halten. Das sah aber lustig aus! Als ob sich die Ballons aus dem Haufen nach vorne drängen wollten, um besser gesehen zu werden. Da gab es große und kleine Herzballons in vielen Farben, mit lustigen Bildern darauf. Andere glichen großen Hasenköpfen. Viele runde Ballons hatten aufgemalte Blumen oder Gesichter. Aber zwei Ballons, die waren einfach nur rund und rot mit dicken, weißen Tupfen.

„Ha“, sagte einer der großen Herzballons verächtlich. „Seht euch doch mal die roten, dicken an, wer will denn die schon haben!“ – „Einfach nur lauter Tupfen, das ist doch altmodisch!“ rief ein anderer.

Die zwei roten, dicken Luftballons mit den weißen Tupfen wurden ganz traurig, als sie hörten, was die stolzen Herzballons redeten.

Zwei Kinder zogen ihren Vater mit sich, denn sie wollten so schnell wie möglich zu den lustig hüpfenden Ballons. Die drei gingen schnurstracks auf Herrn Anton zu. Der Junge zeigte auf die großen Herzballons, aber das Mädchen schüttelte den Kopf und rief: „O nein! Solche Herzballons haben die anderen Kinder auch. Sieh doch mal diese hier, die dicken roten mit den weißen Tupfen, die sehen lustig aus!“ – „Du hast recht, die nehmen wir uns!“ rief der Junge froh.

Und so kam es, daß die altmodischen, dicken, roten Luftballons zuerst verkauft wurden. Was glaubt ihr, wie die sich freuten!

Marina Löffler

Die Geschichte von der neugierigen Maus

Es war ein munterer Bach, der da so zwischen Wiesen und unter Bäumen dahinplätscherte. Rechts und links am Ufer wuchsen Holunderbüsche. Unter einem von ihnen wohnte die Maus Pipsel. Ich will euch verraten, daß sie unerhört neugierig war.
Eines Morgens knabberte sie gerade an einer Käserinde, als plötzlich etwas Rotes durch die Zweige schimmerte. Und langsam kam es näher und näher.
Das muß ich sehen, dachte die neugierige Maus, warf die Käserinde hin und lief, so schnell sie konnte, zum Bach. Aber dort sah sie vor lauter Gras rein gar nichts. Sie streckte ihre spitze Nase in die Luft und hatte sofort eine tolle Idee. Ein Ast, der über dem Bach hing, war genau das richtige für sie. Sie turnte den Ast hinauf, immer höher und höher. Ein Frosch, der am Ufer saß, rief: „Vorsicht!" und schwenkte warnend seine grünen Arme. Aber Pipsel hörte ihn nicht, denn mit einem Mal sah sie das rote Etwas. Im Bach schwamm ein kleiner, roter Puppenkoffer. Die Maus war so überrascht, daß sie den Ast losließ und kopfüber in die Tiefe purzelte. Aber sie war nicht ins Wasser gefallen. O nein, sie lag genau auf dem roten Puppenkoffer und rieb sich den Kopf! „Da hast du aber nochmal Glück gehabt", sagte der Frosch, als er hilfsbereit dahergepaddelt kam und der Maus Pipsel aus dem Bach half. Pipsel nickte beschämt.
Ja, ja, so kann es gehen, wenn man sehr neugierig ist.

Renate Tautenhahn

Vom goldenen Sternchen

Nachdem das Sandmännchen seine Arbeit auf Erden erledigt hatte, machte es sich zu seinem kleinen Freund, einem Engel, auf den Weg. Der kleine Engel, der jeden Abend die Sterne am Himmel zählen mußte, hatte seinen Trödeltag. Er zählte einige, dann blies er zwischendurch ein Wölkchen auf, fing wieder an zu zählen, kraulte einem Mondkälbchen das Fell, und als er endlich zu Ende gezählt hatte, blieb ihm ein winziger Stern übrig. „Ach was!" rief er und warf das Sternchen einfach durch die Luft. Das fiel durch die Wolkendecke und fiel und fiel ausgerechnet durch den Kamin in die Schloßküche.
Dort stand der Koch und war ganz verzweifelt, weil die Prinzessin heute ihren Geburtstag hatte und er nicht wußte, womit er die Geburtstagstorte schmücken sollte. Er hatte schon die Kerzen daraufgesteckt und den Rand mit Marzipanrosen verziert, aber in der Mitte fehlte noch etwas! Da machte es plötzlich „kling" und vor ihm auf dem Schloßküchentisch lag ein goldenes Sternchen. „Bei meinem dicken Bauch, du kommst ja wie gerufen!" freute er sich und legte das goldene, glitzernde Sternchen auf die Geburtstagstorte.
Die Prinzessin war entzückt, lobte ihren Koch und knabberte an den rosa Marzipanrosen. Als sie aber in das goldene Sternchen beißen wollte, hätte sie sich beinahe ihren letzten Milchzahn ausgebissen. „Oh", sagte sie, „das ist ja ein ganz, ganz richtiger Stern!" Und sie hängt ihn an ihre goldene Halskette.
Hoffentlich hat Petrus sein goldenes Sternchen noch nicht vermißt!

Erika Scheuering

Der Maulwurf und das Buschwindröschen

An der Biegung eines schmalen Weges wuchs ein junges, zartes Buschwindröschen. Es war ein hübscher, sonniger Platz. Und kein bißchen langweilig war es da.
Nun kam an einem Sommertag der Maulwurf Theobald über die Wiese. Tolle Gegend, dachte er, hier läßt es sich leben. Und schon schwang er seine Schaufelarme hin und her und grub mächtige Berge Erde aus dem Boden. Nach einigen Stunden hatte Theobald einen langen Gang gegraben und wühlte sich auf der anderen Seite wieder nach oben. – Da hörte er ein winziges Stimmchen gar jammervoll sagen: „Ach, nun gräbt er mir die ganze Erde weg, und ich habe keine Nahrung mehr für meine Wurzeln!“ Der Maulwurf Theobald traute seinen Ohren nicht. „Wer spricht denn da?“ rief er laut und legte den Kopf schief, um besser hören zu können. „Ich bin es, das Buschwindröschen“, piepste es schwach. Maulwurf Theobald schlurfte über seinen Erdhügel. „Sei nicht böse“, brummelte er in seinen schwarzen Samtpelz, „ich hab's ja nicht absichtlich getan. Gleich bringe ich das in Ordnung.“ – Und schon verschwand er wieder eilends im Boden. Es dauerte nicht lange, und das Buschwindröschen fühlte wieder Erde um seine Wurzeln. Zum Dank entfaltete es eine besonders schöne Blüte, und alle, die sie sahen, freuten sich. Der Maulwurf Theobald natürlich auch.

Renate Tautenhahn

Stefan auf dem Postamt

Stefan war fünf Jahre alt und ging noch nicht zur Schule. Aber mit seinem älteren Bruder hatte er bereits das ABC gelernt. Eines Tages gab ihm die Mutter einen Zettel in die Hand und sagte: „Da ist ein Paket von den Großeltern für dich auf dem Postamt, geh und hol es dir ab!“ Stefan marschierte stolz zum Postamt in seiner Straße. Dort war eine lange Menschenschlange vor dem Schalter.
Gibt mir der Beamte wohl das Paket? fragte sich Stefan, während er wartete. Als er an die Reihe kam, schob er den Zettel zaghaft über den Schaltertisch. Weil Stefan aber für sein Alter klein war, reichte sein Kopf nicht über den Schalter. So konnte der Beamte nicht sehen, mit wem er es zu tun hatte. Auf dem Zettel stand aber: „Herrn Stefan G...“. Der Beamte rief daher laut: „Herr Stefan G., bitte!“ Da piepste es unter seinem Schalter: „Hier bin ich.“ Verwundert beugte sich der Beamte über den Schaltertisch zu dem Knirps hinunter und lachte laut. „Du bist also der Herr Stefan! Du hast ein großes Paket bekommen, auf dem steht: Herrn Stefan G.“ Damit reichte er ihm einen großen Karton. Mit hochrotem Kopf verließ der kleine Mann den Schalterraum. Alle lachten und nickten ihm freundlich zu. Er aber dachte: Wie konnten die Großeltern auch nur „Herr“ Stefan schreiben! Nun mußte er sich doppelt anstrengen, schnell zu wachsen, um bald ein richtiger Herr zu werden!
Aber über den Fußball in dem Paket freute er sich mächtig.

Annemarie Hoppe

PAKET-AUSGABE

Das Katzennest

Minka war der Liebling aller Kinder. Minka war eine Katze. Nur wußte man nicht so genau, ob Minka eine Dame oder ein Herr war. Eines Tages war Minka verschwunden. Erst nach einer Woche tauchte sie wieder auf. Und wie sie aussah! Ordentlich mager war sie geworden. Aber sie blieb nicht lange, dann war sie wieder weg.
Cornelia und Tobias machten sich auf die Suche. Sie stiegen in den Keller hinab und schauten in die Speisekammer. Sie stellten ein Schälchen mit Milch vor die Tür, und als sie nachsahen, war die Milch weg, doch von Minka keine Spur. Cornelia und Tobias gingen Schularbeiten machen. Plötzlich war Minka wieder da. Miauend schaute sie mit großen, grünen Augen auf die Kinder. Doch als diese aufstanden, verschwand Minka wieder. Tobias meinte, es müsse irgendein Geheimnis um Minka sein. Wieder vergingen ein paar Tage, da tauchte Minka auf der Stiege auf. Cornelia versteckte sich rasch hinter einem Mauervorsprung. Minka schlich hinauf, Cornelia hinterdrein. Bis hinauf auf den Dachboden ging es. Dort war es ganz finster, und Cornelia verlor die Spur der Katze. Am nächsten Tag stiegen die Kinder auf den Dachboden und warteten. Nach einer Weile hörten sie ein feines Fiepen. Kam es nicht aus der Hutschachtel von Tante Bertine? Sie hatten sich nicht getäuscht. Als sie vorsichtig den Deckel hoben, sahen sie Minka mit drei kleinen, süßen Katzenkindern in der Hutschachtel sitzen.
Und nun wußten sie es genau: Minka war eine Dame!

Renate Tautenhahn